Et. MARTIN SAINT-LÉON

LA
RÉVISION DE LA LOI DU 21 MARS 1884

SUR

LES SYNDICATS PROFESSIONNELS

ET LE PROJET WALDECK-ROUSSEAU–MILLERAND

EXTRAIT DE " L'ASSOCIATION CATHOLIQUE "

Revue des Questions sociales et ouvrières

LIBRAIRIE CATHOLIQUE EMMANUEL VITTE

PARIS | LYON

14, rue de l'Abbaye, VIe | 3, place Bellecour, 3

1904

Et. MARTIN SAINT-LÉON

LA
RÉVISION DE LA LOI DU 21 MARS 1884

SUR

LES SYNDICATS PROFESSIONNELS

ET LE PROJET WALDECK-ROUSSEAU – MILLERAND

EXTRAIT DE " L'ASSOCIATION CATHOLIQUE "

Revue des Questions sociales et ouvrières

LIBRAIRIE CATHOLIQUE EMMANUEL VITTE

PARIS | LYON
14, rue de l'Abbaye, VIᵉ | 3, place Bellecour, 3

1904

LA RÉVISION DE LA LOI DU 21 MARS 1884

SUR LES SYNDICATS PROFESSIONNELS

(Projet de loi Waldeck-Rousseau-Millerand, 14 novembre 1899. — Proposition de loi Millerand, 14 octobre 1902.)

Le 14 novembre 1899, la Chambre des députés était saisie par MM. Waldeck-Rousseau, ministre de l'intérieur, et Millerand, ministre du commerce et de l'industrie, d'un projet tendant à la revision de la loi du 21 mars 1884 sur les syndicats professionnels. Nous nous proposons d'analyser et d'étudier ici les dispositions de ce projet qui, après la retraite du ministère dont M. Waldeck-Rousseau était le chef, a été repris par M. Millerand sous la forme d'une proposition de loi déposée le 14 octobre 1902 (1).

(1) Postérieurement à la publication de notre article, mais avant son tirage à part, les journaux du 18 décembre 1903 (notamment l'*Eclair* et le *Journal des Débats*) ont inséré une note uniforme d'où il semble résulter que l'ancien projet devenu la proposition Millerand pourrait bien, après quatre ans « d'études parlementaires », être prochainement soumis aux discussions de la Chambre des députés. M. Barthou, nous dit-on, a donné lecture à la Commission du travail de son rapport sur les modifications à apporter à la loi de 1884. En ce qui concerne la proposition Millerand, qui seule fait l'objet de notre travail, M. Barthou paraît en adopter sans réserves les diverses dispositions. Il admet notamment l'extension de la capacité des unions de syndicats et des syndicats au point de vue de l'action en justice, de l'acquisition des immeubles et de la faculté de faire des actes de commerce. Il propose « d'attacher une action civile se résolvant en dommages-intérêts aux atteintes portées soit à la liberté syndicale, soit au droit de ne pas se syndiquer. » Il demande en outre l'abrogation des articles 414

Les dispositions du projet de loi Waldeck-Rousseau-Millerand peuvent se grouper autour de deux idées centrales :

1° *Détermination et limitation tant des droits du patron à
l'égard de ses ouvriers ou employés syndiqués (refus d'embauchage ou congédiement) que des ouvriers ou employés syndiqués vis-à-vis de leurs patrons (mise en interdit)* ;

2° *Extension de la capacité civile des syndicats professionnels.*

I. — Détermination et limitation des droits du patron a l'égard de
ses ouvriers ou employés syndiqués (refus d'embauchage ou congédiement) et des droits des ouvriers ou employés syndiqués a l'égard
du patron (mise en interdit).

Cette question se subdivise tout naturellement en deux sous-
questions.

A) Droits du patron *(refus d'embauchage, congédiement).*
B) Droits des ouvriers ou employés *(mise en interdit).*

Examinons tout d'abord quels sont les *droits des ouvriers
et des employés syndiqués à l'égard de leur patron* tant sous
l'empire de la législation actuelle que d'après les termes du
projet Waldeck-Rousseau-Millerand.

Les syndicats ouvriers ont à leur disposition deux moyens
d'action, deux armes dont ils peuvent faire usage contre les
patrons : *la grève* dont nous n'avons pas à nous occuper ici et
qui, incontestablement, constitue aujourd'hui un *droit;* la *mise
en interdit,* c'est-à-dire l'interdiction signifiée à tous les membres du syndicat (souvent aussi à tous les ouvriers de la profession) de travailler soit dans un établissement déterminé, soit
avec tel ou tel ouvrier ou employé déterminé.

Depuis l'abrogation par la loi du 21 mars 1884 de l'article 416
du Code pénal, la mise en interdit a cessé en principe de cons-

et 415 du Code pénal et l'application du droit commun aux voies de fait,
violences et menaces. Nous ne pouvons discuter ici l'argumentation de
M. Barthou dont le rapport n'a pas encore été publié.

tituer un délit correctionnel. C'est seulement au cas où elle se complique de violences, de voies de fait ou de manœuvres frauduleuses qu'elle demeure punissable d'un emprisonnement de six jours à trois ans et d'une amende de 16 à 3,000 francs (article 414).

La mise en interdit non accompagnée des circonstances qui la rendent pénalement délictueuse ne peut-elle, dans certain cas, constituer tout au moins un délit civil et donner par suite ouverture à une action en dommages-intérêts ? (1) Il importe ici de distinguer :

L'interdiction de travail est-elle exercée en dehors de tout intérêt professionnel et dans l'intention unique de nuire, il y a délit civil et responsabilité civile du syndicat, auteur de l'interdiction (2).

L'interdiction de travail est-elle au contraire prononcée pour la défense d'un intérêt professionnel nettement caractérisé, par exemple en vue d'arriver à obtenir le renvoi ou d'empêcher l'embauchage d'un ouvrier qui travaille au-dessous du tarif ordinaire ou qui consent à travailler plus longtemps qu'il n'est d'usage dans la profession, la Cour de cassation (22 juin 1892, Sirey, 1893, I, 41) et la grande majorité des auteurs admettent qu'il n'y pas de délit civil. La loi du 21 mars 1884 eût fait une œuvre vaine et tendu même un piège aux ouvriers si, après leur avoir permis de se syndiquer pour la défense de leurs intérêts professionnels, elle leur avait indirectement rendu impossible l'emploi des seuls moyens dont ils pussent faire un usage efficace pour atteindre ce même but. Il eût été inutile d'abroger les sanctions pénales de l'article 416 si en même temps on eût laissé les syndicats, auteurs de mise en interdit, sous le coup de ruineux procès en dommages-intérêts (3).

(1) Cette question est l'objet d'une étude très sérieuse dans le livre de M. Paul Boncour. *Le Fédéralisme économique*, p. 248 et suiv., 299 et suiv.

(2) Paul Boncour, *op. cit.*, p. 295. — André et Guibourg, *Code ouvrier*, p. 499. — Paul Pic, *Traité élémentaire de Droit industriel*, 2e édition, p. 197.

(3) *Contrà*, Paul Leroy-Beaulieu. De la nécessité de préciser le droit de grève (*Economiste français*, 17 août 1895, t. 2, p. 205), et de Bruignac La mise en interdit dans l'industrie (*Réforme sociale* du 1er avril 1902). C'est pourtant dans ce sens de la responsabilité civile des organisations

La controverse ne s'élève réellement qu'au sujet de la question suivante. La mise en interdit est-elle licite lorsqu'elle est prononcée par un syndicat en vue d'obliger un ouvrier à se syndiquer ?

Non, répond à cette question M. Raoul Jay (note sous Cass. 22 juin 1892, Sirey, *loc. cit.*) car en tentant de contraindre un ouvrier à se faire inscrire parmi ses membres, un syndicat ne fait en réalité autre chose que poursuivre la défense d'un intérêt professionnel. « Qu'on juge ces démarches (l'interdiction de tra-« vail) comme on voudra, il semble qu'on ne peut se refuser à « reconnaître qu'elles sont inspirées par des vues d'ordre géné-« ral, par une certaine façon de concevoir les intérêts profes-« sionnels (1). »

Ce système a été écarté par la jusrisprudence.

« Attendu, dit l'arrêt de Cassation du 22 juin 1892, que l'article 7 « susvisé donne à tout membre d'un syndicat le droit absolu de se reti-« rer quand bon lui semble ; que si après l'abrogation de l'article 416 « du Code pénal les menaces de grèves adressées sans violences ni ma-« nœuvres frauduleuses par un syndicat à un patron à la suite d'un « concert entre ses membres sont licites quand elles ont pour objet la « défense des intérêts professionnels, elles ne le sont plus lorsqu'elles « ont pour but d'imposer au patron le renvoi d'un ouvrier parce qu'il « s'est retiré de l'association ou qu'il refuse d'y rentrer ; que dans ce « cas il y a une atteinte au droit d'autrui..... »

Ce système nous semble fondé *en droit*, car l'article 7 de la loi de 1884 est formel : « Tout membre d'un syndicat profes-« sionnel peut se retirer à tout instant de l'association nonob-« stant clause contraire..... » Si le législateur entend réserver à tout membre d'un syndicat le droit de se retirer de l'association, *a fortiori* faut-il reconnaître à un ouvrier ou à un patron non syndiqué le droit de ne pas se faire recevoir membre d'un syndicat. Ce droit est du reste l'exacte contre-partie du droit de se syndiquer que l'ouvrier revendique à juste titre. Si le patron qui se refuse à embaucher ou qui congédie un ouvrier *parce*

---

ouvrières (Trade Unions) que vient de se prononcer la jurisprudence anglaise. Voir le récent ouvrage de MM. Mantoux et Alfassa. La *Crise du Trade Unionisme.* Paris, Rousseau, 1903.

(1) Dans le même sens Paul Boncour, *op. cit.*, p. 319 323.

qu'il est syndiqué commet un délit civil et peut être condamné
à des dommages intérêts (ce que personne ne conteste), les ouvriers syndiqués qui, par une mise en interdit, tentent d'obtenir
le renvoi d'un ouvrier auquel on reproche seulement *de ne pas
être syndiqué* commettent le même délit civil dont réparation
peut également leur être demandée.

L'interprétation adoptée par la Cour de cassation est donc,
à notre avis, très juridique ; elle nous semble en outre com-
mandée *par l'équité.* — Sans doute nous pensons qu'une réforme radicale de notre législation sur les syndicats finira par
s'imposer et que la réorganisation du travail ne sera parfaite
que le jour où tous les travailleurs, sans exception auront été
groupés dans des associations professionnelles redevenues l'une
des assises de l'édifice social. Mais une telle réforme ne paraît
malheureusement pas susceptible d'une réalisation immédiate.
Le projet Waldeck-Rousseau-Millerand n'en renferme même pas
une ébauche et il est à craindre en effet que l'opinion n'e soit
pas encore suffisamment préparée à la voir s'accomplir dès à
présent. Or tant que la puissance publique n'aura pas réformé
elle même les cadres de ces associations corporatives appelées
à admettre dans leurs rangs des travailleurs de toutes tendances
et de toutes catégories, tant que les syndicats auront conservé
dans maintes professions le caractère d'instruments de partis
asservis à certaines rancunes ou à certaines passions, il ne sera
pas possible de consentir à ce qu'un ouvrier soit sommé et indirectement contraint d'entrer dans une association qui réflète
peut-être un état d'esprit directement contraire au sien. Un ouvrier catholique a bien le droit, par exemple, de ne pas adhérer
à un syndicat révolutionnaire et anticlérical sans que ce dernier,
qui du reste le repousserait sans doute ou ne l'admettrait qu'au
prix d'une apostasie, puisse le poursuivre de sa vengeance et
exiger son renvoi de tous les ateliers où on consentirait à
l'employer (1).

Nous avons cru devoir rappeler ces principes consacrés par

(1) Nous supposons bien entendu que cet ouvrier ne peut être suspecté
de *gâcher les prix* en travaillant au dessous du tarif ordinaire ou plus
longtemps que ses camarades syndiqués. Car s'il en était ainsi le syndicat
userait d'un droit incontestable, celui de défendre un intérêt professionnel,
en demandant le renvoi de cet ouvrier.

la Cour de cassation et admis par la grande majorité des auteurs (1) afin de préciser les termes de cette importante question.

Dans l'exposé des motifs de leur projet de loi MM. Waldeck-
Rousseau et Millerand se rangent sans hésitation au système
de la Cour de cassation et de la majorité des auteurs. « On ne
« saurait voir, dans le seul fait de l'interdit une violence ou une
« manœuvre frauduleuse au sens de l'article 414. C'est un droit
« légitime (*sic*). Mais c'est abuser de ce droit que de l'exercer
« pour contraindre telles ou telles personnes à faire partie du
« syndicat. »

Cette distinction est implicitement confirmée par l'article 10
du projet..... « *La mise en interdit prononcée par le syndicat*
« *dans un but autre que d'assurer les conditions du travail*
« *fixées par lui et la jouissance des droits reconnus au citoyen*
« *par la loi..... constitue un délit civil et donne lieu à l'action*
« *en réparation du préjudice causé.* » Cette formule en soi ne
nous paraît pas défectueuse ; nous serons cependant bientôt
amenés à en proposer une autre plus compréhensive et plus syn-
thétique qui nous paraît offrir un critère plus précis des droits
du patron et de l'ouvrier dans les hypothèses prévues par l'article 10 du projet.

Droits des patrons (refus d'embauchage, congédiement).

Les mêmes principes que nous avons admis et tenté de jus-
tifier lorsqu'il s'est agi de la fixation des droits de l'ouvrier
vis-à-vis du patron nous paraissent s'imposer pour la détermination des droits du patron vis-à-vis de ses ouvriers. Nous
dirons donc, parce que la *logique* et l'*équité* nous paraissent
commander cette double solution : 1° Que le patron ne saurait,
sans commettre un délit civil dont la réparation peut lui être
demandée sous forme d'une action en dommages intérêts, refuser

(1) César BRU, De la portée de l'abrogation de l'article 416 du Code pénal
(*Revue générale de droit*, 1892, p. 408). — ANDRÉ et GUIBOURG (*Code ouvrier*,
p. 499). — Ch. CONSTANT (*France judiciaire*, 1891, t. 15, 1re p., p. 282). —
THALLER. Note dans les *Annales de Droit commercial*, 92, 1, 225. —
CROUZEL, Note sur la responsabilité civile des syndicats (*Revue pratique de
Droit industriel*, 99, 255) et Paul PIC, *Traité de législation industrielle*,
2e édition, § 321.

d'embaucher ou congédier un ouvrier par ce seul fait qu'il est syndiqué ; 2° Que le patron peut, au contraire se refuser à embaucher ou congédier des ouvriers ou employés lorsque ce refus d'embauchage ou de congédiement est justifié par la nécessité de défendre un intérêt professionnel (1).

Voici par exemple des ouvriers qui, engagés dans un établissement industriel, entreprennent auprès de leurs camarades une active campagne en vue de les amener à se déclarer en grève : *c'est leur droit*, aucun doute à cet égard ; ils agissent pour la défense de ce qu'ils considèrent à tort ou à raison comme un intérêt professionnel. Mais le patron lui aussi à un *droit* non moins évident : celui de défendre son intérêt professionnel dans l'espèce directement contraire à celui des ouvriers qui prêchent la grève. Il peut donc, sans commettre un délit civil, congédier ces derniers : à un acte d'hostilité il répond par un acte semblable. C'est l'exercice du droit de légitime défense.

Autre exemple. Un industriel vient de subir une grève ou de triompher d'une mise à l'interdit. Ceux-là même qui ont pris la direction du mouvement dirigé contre lui demandent à rentrer dans son usine. Va-t-il être obligé de les reprendre ? Non à notre avis et toujours pour le même motif. En définitive le patron a, lui aussi, le droit de défendre ses intérêts professionnels. Or son intérêt manifeste l'engage à ne pas introduire chez lui des hommes qui, tout l'indique, sont ses ennemis jurés.

Or — et c'est là notre grief contre la disposition du projet Waldeck-Rousseau-Millerand relative au refus d'embauchage et au congédiement, — cette disposition nous paraît présenter une certaine ambiguïté et laisser place en ce qui touche l'application des principes ci-dessus exposés à des divergences d'interprétation qu'il convenait de prévenir.

---

(1) Nous supposons bien entendu que le patron s'est conformé à tous les usages locaux notamment en ce qui concerne le préavis. La nature brusque du contrat de travail donnerait en effet ouverture au profit de l'ouvrier à une action en dommages-intérêts, en vertu de la loi du 27 décembre 1890.

La réciproque est-elle vraie et l'ouvrier qui rompt brusquement le contrat de travail est-il dans tous les cas passible de dommages-intérêts envers son patron ? Voir sur cette question assez délicate et que ne résout pas le projet Millerand : Paul Pic. *Traité de législation industrielle*, 2e édition, §§ 322 et 323..

Que dit, en effet, l'article 10 du projet? « *L'entrave volon-*
« *tairement apportée à l'exercice de ces droits reconnus par*
« *la présente loi, par voie de refus d'embauchage ou de ren-*
« *voi.* . . . . »

Nous disons que cette rédaction est ambiguë. Si elle était
adoptée, une difficulté des plus graves naîtrait immédiatement
et en quelque sorte fatalement. Cette difficulté peut, dès à présent, se formuler comme il suit : Que faut-il entendre par ces
mots : « *les droits reconnus par la présente loi?* »

Sur un seul point l'accord s'établirait aisément. Un patron
ne peut ni se refuser à embaucher, ni congédier un ouvrier *parce
qu'il est syndiqué.* La loi du 21 mars 1884 accorde à tout
patron et à tout ouvrier le droit de se syndiquer. Ce droit *dont
l'exercice ne lèse directement personne* ne peut être méconnu.

Mais, faut-il aller plus loin? Voici — nous reprenons nos
hypothèses de tout à l'heure — un ouvrier connu pour être
l'un des apôtres de la grève : l'Etienne Lantier de *Germinal*
par exemple. Une place est vacante dans une usine; il se présente et demande à être embauché. Le patron refuse : « Je ne
veux pas chez moi d'un artisan de grèves. »

Etienne Lantier répliquera: « En refusant de m'engager vous
« portez entrave à un droit qui m'est reconnu par la loi, celui
« de provoquer une grève si je le juge utile pour la défense de
« l'intérêt professionnel de mes camarades et de moi-même
« (article 10 de la loi Waldeck-Rousseau-Millerand). Je vous
« réclame 500 francs de dommages-intérêts.

« Je n'ai nullement violé la loi, répondra le patron. Comme vous
« j'ai le droit de défendre mes intérêts professionnels. Or n'est-
« ce pas défendre au premier chef un intérêt professionnel que
« de me refuser à admettre dans mon établissement un homme
« qui s'empressera (avec raison d'après lui, à tort selon moi,
« *en tous cas à mon préjudice,* ceci n'est pas douteux) de
« m'aliéner mon personnel et d'amener une cessation du tra-
« vail dans mon usine? *L'entrave apportée à l'exercice d'un*
« *droit reconnu par la loi...,* telle que la définit le texte légis-
« latif invoqué par vous ne peut et ne doit s'entendre que d'une
« entrave apportée à l'exercice du droit de se syndiquer et non
« à l'exercice du droit de grève ou de mise en interdit.

« Défendre à un patron de s'opposer à une tentative de grève

« ou à une mise en interdit sous prétexte que ces actes sont
« licites en soi, cela équivaudrait à une injonction de se laisser
« ruiner sans mot dire et sans essayer de résister. »

Cette dernière argumentation nous paraît irréfutable en équité.
Mais en *droit* il est certain que l'un et l'autre système pour-
raient se soutenir si la rédaction du projet Waldeck-Rousseau-
Millerand devait être législativement consacrée.

Pour tous ces motifs, nous préférerions au texte actuel de
l'article 10 du projet, le texte suivant :

« *Le refus d'embauchage ou le renvoi par le patron, la mise*
« *en interdit prononcée par le syndicat, constituent un délit*
« *civil et donnent lieu à une action en réparation du préjudice*
« *causé lorsqu'ils n'ont pas pour but la défense d'un intérêt*
« *professionnel.* »

Si cette solution venait à prévaloir, les droits de l'ouvrier et
les droits corrélatifs du patron seraient fixés ainsi qu'il suit :

<table>
<tr><td>DROITS DE L'OUVRIER ET DU SYNDICAT OUVRIER.</td><td>DROITS CORRÉLATIFS DU PATRON ET DU SYNDICAT PATRONAL.</td></tr>
<tr><td>

A). Droit de grève.
(Cessation collective du travail après préavis).

B). Droit de mise en interdit pour la défense d'un intérêt professionnel : en vue d'obtenir une augmentation de salaire, une réduction de la durée du travail, l'éviction d'un ouvrier travaillant à des conditions moins avangeuses que celles demandées par le syndicat, etc.

C). Droit de l'ouvrier de se syndiquer, illégitimité du refus d'embauchage ou du renvoi fondé sur ce motif que l'ouvrier est syndiqué.

</td><td>

A). Droit de *lockout.* (Renvoi collectif du personnel après préavis.)

B). Droit de refus d'embauchage et de renvoi pour la défense d'un intérêt professionnel : en vue de résister à une demande d'augmentation de salaire, de réduction de la durée du travail, de renvoi d'un ouvrier travaillant à des conditions non acceptées par le syndicat ouvrier, etc.

C). Droit pour le patron d'occuper, s'il le veut, des ouvriers non syndiqués; illégitimité de la mise en interdit prononcée contre un patron pour le contraindre à renvoyer un ouvrier non syndiqué.

</td></tr>
</table>

Nous sommes loin de prétendre qu'une législation ainsi
ordonnée serait parfaite. C'est seulement par l'organisation
corporative du travail, par l'accession de plus en plus large et
finalement rendue obligatoire des travailleurs à des corporations
professionnelles, ses interprètes et ses mandataires, par la dis-

cussion contradictoire des clauses du contrat de travail (autant que possible sous forme de contrat collectif), c'est aussi par l'intervention du législateur en vue de prévenir certaines injustices de fait trop criantes et d'accorder au prolétariat certaines garanties (la fixation d'un minimum de salaire entre autres), que peut être préparée et facilitée la solution des problèmes du travail. Mais, actuellement, ce programme est loin d'être rempli. Entre le patron et l'ouvrier c'est, en somme, l'état de guerre. Tant que cette guerre n'a pas pris fin, le législateur doit, quelles que soient ses sympathies, veiller à ce qu'au point de vue juridique les combattants se mesurent à armes égales. Que dirait-on de témoins de duel qui auraient remis aux adversaires des épées d'inégale longueur, des pistolets dont la portée et la précision ne seraient pas les mêmes ? L'alternative est en définitive la suivante : ou la conciliation ou la lutte *à égalité de chances*. Les observations précédentes sont inspirées uniquement par le désir de tenir en équilibre les deux plateaux de la balance de la Loi et d'assurer aux belligérants cette impartialité de la puissance publique sur laquelle ils ont le droit de compter alors qu'ils s'engagent dans un de ces conflits dont le règlement ne peut avoir lieu à l'amiable.

II. — Extension de la capacité civile des Syndicats professionnels.

Le projet de la loi Waldeck-Millerand n'a pas seulement pour but de préciser les droits respectifs des patrons et des ouvriers en matière de refus d'embauchage, de congédiement ou de mise en interdit. Il renferme encore certaines dispositions d'un tout autre caractère qui ont pour objet l'extension de la capacité civile des syndicats.

1° Aux termes de la loi du 21 mars 1884 (art. 6), les syndicats professionnels de patrons et d'ouvriers « auront le droit « d'ester en justice. Ils pourront employer les sommes prove- « nant des cotisations. *Toutefois ils ne pourront acquérir* « *d'autres immeubles que ceux qui seront nécessaires à leurs* « *réunions, à leurs bibliothèques et à des cours d'instruction* « *professionnelle.* »

Le projet de loi Waldeck-Millerand (art. 6) accorde au contraire aux syndicats sans aucune limitation et sans condition d'autorisation préalable le droit d'acquérir à titre gratuit ou onéreux des biens meubles et immeubles.

2° Aux termes de l'article 5 de la loi de 1884 « *les Unions de syndicats ne pourront posséder aucun immeuble ni ester en justice.* »

D'après le projet « les Unions pourront ester en justice. Elles « pourront posséder les immeubles qui sont nécessaires à leurs « bureaux, à leurs réunions et à leurs bibliothèques, à leurs « cours d'instruction professionnelle, collections, laboratoires, « etc. Elles pourront recevoir des dons et legs avec affectation « à ces institutions. »

On eût pu croire que les deux premières dispositions (droit d'acquérir des immeubles reconnu aux syndicats, capacité civile concédée aux Unions) seraient favorablement accueillies par les associations professionnelles dont elles accroissaient la puissance avec les moyens d'action. Il n'en a rien été. Il s'est trouvé, à la vérité, des chefs ouvriers socialistes et non des moindres pour donner leur adhésion à ces propositions : mais la majorité des *syndicaux* s'est refusée à accepter du législateur un présent qui lui a paru dissimuler un piège.

Nous disons que les articles 5 et 6 du projet ont trouvé quelques approbateurs même dans le parti ouvrier. L'adhésion la plus importante sans contredit a été celle du citoyen Briat, secrétaire du syndicat des ouvriers en instruments de précision, membre du Conseil supérieur du travail (1). Cette adhésion est d'autant plus significative qu'elle est aussitôt suivie d'une critique très nette de la disposition tendant à accorder aux syndicats le droit de faire des actes de commerce.

Mais l'opinion contraire à celle du citoyen Briat a prévalu dans les conseils du parti syndical et collectiviste. Cette opinion s'est affirmée au Congrès des Bourses du travail réuni en septembre 1900, par le vote, à l'unanimité moins deux voix, d'une résolution hostile au projet Waldeck-Millerand. Cette résolution est ainsi conçue en ce qui touche l'extension de la capacité civile des Unions (2).

(1) Voir l'*Aurore* du 8 mars 1900.
(2) L'article relatif à la reconnaissance pour les syndicats du droit de pos-

« Considérant que le droit d'ester en justice accordé aux
« Unions de syndicats, loin d'être pour elles un accroissement
« de liberté, est le meilleur moyen que puisse trouver le gou-
« vernement de les frapper, puisque ce droit les soumettra à la
« réparation civile à laquelle elles échappent sous le régime
« actuel. »

Il est superflu d'insister sur l'absurdité d'un tel considérant ;
il décèle, de la part de ses rédacteurs, une ignorance complète
des principes les plus élémentaires de notre droit. En concédant
aux syndicats le droit d'acquérir des immeubles, le législateur
— est-il besoin de le dire — n'aggrave aucunement leurs responsabilité juridique, ainsi que se l'est imaginé on ne sait pourquoi le Congrès des Bourses du Travail. Tout au plus pourrait-on
dire, — et c'est peut-être après tout le sens de cet étrange considérant — qu'en se rendant acquéreurs d'immeubles, les syndicats
offriraient plus de prise au patronat dans le cas où des industriels
leur intenteraient des procès en dommages-intérêts. Mais nous
avons vu que la Cour de cassation se refusait à condamner à
des réparations civiles tout syndicat ayant agi pour la défense
d'un intérêt professionnel. Ainsi restreinte la responsabilité syndicale ne peut plus être engagée que par de véritables délits
civils de droit commun ou par la violation d'engagements libre-
ment consentis ; si des syndicats se trouvent par leur faute sous
le coup de telles poursuites, ils cessent d'être dignes d'intérêt.
Au surplus rien n'obligera un syndicat ou une union à acquérir
des immeubles ; mais il convient de reconnaître ce droit à ceux
qui peuvent être désireux d'en user.

Nous approuvons, pour notre part, les articles 5 et 6 du projet,
en regrettant seulement que ses auteurs aient cru devoir res-
treindre aux seuls immeubles nécessaires à leurs bureaux, réunions, etc., les placements immobiliers permis aux Unions.
Pourquoi aussi exiger que les dons et legs faits aux Unions
soient affectés à certaines institutions (bibliothèques, cours professionnels, laboratoires, etc.) ? On est surpris, alors que MM.
Waldeck-Rousseau et Millerand concèdent aux syndicats une
capacité civile illimitée, de les voir manifester encore une cer-

séder des immeubles est rejeté avec tout le projet, mais sans qu'à cet égard
aucun motif particulier ait été allégué.

taine méfiance à l'égard des groupements de syndicats, des Unions. Craindraient-ils de voir ces Unions ou Fédérations devenir trop puissantes ? Nous ne voulons pas le croire.

3° Nous arrivons à l'article le plus important peut-être du projet, celui qui permet aux syndicats comptant plus de sept membres de faire des actes de commerce et de créer des sociétés à responsabilité limitée régies par les lois du 24 juillet 1867 et du 1ᵉʳ août 1893 en bénéficiant des exceptions suivantes à ces lois :

« Le syndicat pourra être propriétaire de la totalité des actions.

« Dans ce cas, les syndiqués auront le droit d'être administrateurs sans être individuellement porteurs de parts ou actionnaires et l'assemblée générale sera formée de mandataires désignés par le syndicat, chaque mandataire possédant une voix et tous étant considérés comme représentant chacun une part égale dans le capital social.

« Si une société est formée par deux ou plusieurs syndicats, les statuts de cette société détermineront le nombre de mandataires délégués par chacun des syndicats actionnaires, tout délégué ayant une voix.

« Quelle que soit l'importance du capital social, il pourra être divisé en actions ou coupures d'actions de 25 francs. La société ne pourra être définitivement constituée qu'après la souscription de la totalité du capital et le versement en espèces, par chaque syndicat actionnaire, du quart des actions ou coupures d'actions souscrites par lui-même lorsqu'elles n'excèdent pas 25 francs. Si la société est à capital variable, le versement du dixième suffit. »

Précisons brièvement la portée juridique de cette disposition.

Actuellement déjà rien ne s'oppose à ce que les membres d'un syndicat, s'ils sont au nombre de sept au moins, créent parallèlement à ce syndicat une société commerciale, une coopérative de production qui sera presque toujours une société anonyme à capital variable. Le syndicat lui-même pourra être actionnaire — peut-être même le plus fort actionnaire de cette société. — Mais : 1° il ne pourra être le seul actionnaire. La loi de 1867 exige en effet pour la formation d'une société anonyme la présence de sept associés ; 2° les membres du Conseil d'administration de la société devront être personnellement actionnaires.

Le projet de loi modifie ces règles. Il permet au syndicat de se dédoubler véritablement et d'être seul propriétaire de la totalité du capital de la société commerciale (1) comme seul chargé de sa direction.

Si l'on va au fond des choses et si l'on n'est pas dupe des mots, le projet aiguille directement le syndicat dans la voie commerciale. Personne du reste ne s'y est trompé, ni les partisans du projet, ni ses adversaires.

Comment a été accueillie cette proposition singulièrement hardie qui tend à transformer radicalement le rôle et le caractère des syndicats? très diversement.

Dans les milieux corporatifs où prévaut l'influence collectiviste, la proposition a trouvé quelques défenseurs. Donnonsleur la parole.

Le citoyen Henry, conseiller prud'homme de Paris, « estime « que le projet donne aux ouvriers une liberté de plus et une « liberté est toujours bonne à prendre. Elle est contraire à l'es- « prit de lutte, dit-on. Eh mais! les syndicats qui ne voudront « pas en user pourront ne pas le faire... Mais une foule de « petits syndicats qui sont la majorité seront heureux de la « liberté nouvelle. Et cela engagera nombre d'hésitants à se « syndiquer. Or syndiquons les d'abord et il ne sera pas diffi- « cile de leur inculquer l'esprit de lutte (2). »

(1) Cette disposition est bien différente de celle de la loi de 5 novembre 1894 (art. 1er) aux termes de laquelle des sociétés de crédit agricole peuvent être constituées « soit par la totalité des membres d'un ou de plusieurs syn- « dicats professionnels agricoles, soit par une partie des membres de ces « syndicats ». La loi de 1894 exige en somme des souscriptions multiples et personnelles, des souscriptions de *syndiqués*; le projet Waldeck-Millerand va plus loin et permet une souscription unique, celle du *syndicat.*— Cette dernière combinaison rappelle beaucoup le régime juridique de certains cartells de l'industrie allemande, régime dont se sont peut-être inspirés les auteurs du projet. Les compagnies minières du bassin rhénan-westphalien se sont ainsi groupées en deux associations *composées identiquement des mêmes membres* et poursuivant le même but, mais avec partage d'attributions :

1o L'*Association des propriétaires de mines,* simple association ;

2o La compagnie par action dite *Syndicat rhénan-wesphalien de la houille.* La première fixe la quotité de la production : c'est, bien qu'elle n'en porte pas le titre, une sorte de syndicat. La seconde est chargée de la vente des produits : c'est une société commerciale issue du syndicat. Voir notre compte rendu analytique de la séance du 26 mars 1903 de la Commission d'enquête allemande sur les Cartells *(Annales du Musée social,* avril 1903, p. 112).

(2) L'*Aurore* du 28 février 1900.

Le citoyen Treich, secrétaire de la Fédération des syndicats
de Limoges estime « qu'il ne sera pas difficile d'instituer dans le
« syndicat la partie commerciale et la partie professionnelle.
« Ces deux parties pourront fonctionner dans leurs sphères res-
« pectives, sans se froisser mutuellement. Elles pourront au
« contraire s'entraîder dans les luttes qu'elles auront à suppor-
« ter (1) ».

Mais la grande majorité proteste contre la proposition. Ce
sentiment a trouvé un interprète très convaincu dans le citoyen Griffuelher « un des militants de la cordonnerie pari-
sienne » (2) qui rappelle la phrase bien connue de M. Waldeck-Rousseau : « Il faut que le capital travaille et que le
« travail possède. » Ces mots, dit-il, « sont bien l'expression
du projet. Propriété capitaliste veut dire conservation sociale.
Nous connaissons trop l'esprit et l'exploitation qui existent
dans la plupart des associations ouvrières de production.
Elles n'ont qu'un but : gagner de l'argent. Le jour où un syndicat possédera, il changera d'attitude vis-à-vis des patrons. »
Et le citoyen Briat rejette lui aussi le projet par ce motif « que
les syndicats ouvriers ont pour but la lutte continuelle et que
d'ailleurs dès à présent rien n'empêche les syndiqués de créer
s'ils le veulent des organisations syndicales à côté de leur grou-
pement. »

En se déclarant, comme il a été dit, hostile à l'ensemble du
projet Waldeck-Millerand, le Comité fédéral des Bourses du
travail déclare lui aussi que l'article 6 aurait « pour effet de
« dénaturer le rôle des organisations corporatives en y attirant

(1) *Aurore* du 14 mars 1900.

(2) *Ibid.* du 7 mars 1900. Le même citoyen Griffuelher critiquait ces socialistes de gouvernement qui réclament toujours plus de liberté pour les
ouvriers et qui refusent la liberté aux cléricaux. « Je tiens à répondre à cer-
« tains camarades qui disent que ce projet constitue une nouvelle liberté et
« qu'il ne nous est pas possible de refuser cette liberté ; cependant ces mê-
« mes camarades sont contre la liberté de l'enseignement accordée aux clé-
« ricaux ; et cela parce qu'ils considèrent cette liberté comme néfaste au
« parti de la Révolution. Pourquoi alors acceptent-ils le projet sans en exa-
« miner les dangers ? Pourquoi s'ils en reconnaissent les dangers, disent-ils
« qu'on ne peut refuser une liberté nouvelle ? Tout cela est inconséquent
« et illogique. » Nous sommes sur ce point du même avis que le citoyen
Griffuelher.

« des hommes inspirés par l'esprit de lucre et en écartant ceux
« qui considèrent avant tout le syndicat comme une société de
« résistance à l'exploitation capitaliste ».

Du côté des patrons, le projet Waldeck-Millerand n'a pas été
moins attaqué. Dans le *Bulletin du Syndicat des industries
textiles* (mai 1903) M. Touron déclare le projet *inutile* car dès
à présent les ouvriers peuvent former parallèlement au syndicat
une société commerciale et *dangereux* pour les tiers qui, lorsqu'ils voudront poursuivre contre la société commerciale le
recouvrement de leurs créances, verront celle-ci se dérober
derrière le syndicat, propriétaire de tout l'actif qui n'offrira,
lui, aucune surface (1).

Du côté des catholiques sociaux les opinions sont parta-
gées.

L'Union d'études s'est prononcée à la majorité en faveur du
projet (séances des 4-18 février 1903). Au Congrès de Chalon-
sur-Saône, le débat ouvert au sujet de la réforme qui nous
occupe n'a pu aboutir au vote d'aucune résolution. Enfin, nos
lecteurs ont encore toute présente à l'esprit la si intéressante et
si instructive discussion engagée contradictoirement dans l'*Association catholique* (n° du 15 novembre dernier) entre M. Duthoit, partisan et M. Boissard, adversaire de l'article 6 du projet
Waldeck-Millerand (2).

Puisqu'une consultation se trouve ouverte sur cette importante question : « Convient-il d'accorder aux syndicats le droit
de faire des actes de commerce ? « nous en entreprendrons
l'étude à notre tour et nous dirons ce que nous pensons d'une
réforme si diversement appréciée par les meilleurs esprits.

(1) Voir dans ce même *Bulletin* (avril 1903), les observations de M. André
Fleury. Le projet a été critiqué à un autre point de vue par M. Hubert Valleroux (*Economiste français* du 20 janvier 1903). Cet auteur observe qu'un
syndicat de 7 membres pourra créer une société composée de sept parts de
25 francs chaque. Avec ce capital de 175 francs libéré seulement de 17 fr. 50
une société syndicale pourra s'engager pour des centaines et des milliers de
francs ! « On reste confondu, dit M. Hubert Valleroux, devant cette étrange
législation. » Nous répondons plus loin à la critique de M. Hubert Valleroux.

(2) Parmi les auteurs favorables à la disposition de l'article 6, citons également M. Léon DE SEILHAC, Voir p. 117 de son ouvrage *Syndicats ouvriers,
Fédérations, Bourses du travail*. (Paris, Colin, 1902).

Tout d'abord, il nous est impossible de nous associer à quelques unes des critiques qui ont été formulées contre l'article 6 du projet Waldeck-Millerand. Cette disposition, a-t-on dit, est inutile, car dès à présent, les membres d'un syndicat peuvent former parallèlement à l'association professionnelle, une société commerciale. Sans doute, mais cette société quels que soient ses liens avec le syndicat, n'en est pas l'incarnation directe et immédiate. Les actionnaires de la société commerciale, fussent-ils tous syndiqués, il n'en est pas moins vrai que le *syndicat* n'est pas certain de faire prévaloir ses volontés dans l'assemblée générale de la société. Il se peut, en effet, que la majorité des actions de la société appartienne à un parti qui soit en minorité dans le syndicat. Le projet modifie cette situation juridique ; entre le syndicat et la société il crée un lien intime ; ce n'est pas assez dire, il les identifie en réalité, quant à la substance et ne les différencie, grâce à une fiction de droit, que pour les spécialiser l'un et l'autre dans des attributions particulières. Syndicat et Société de vente comprennent les mêmes éléments, les mêmes membres. Mais ces mêmes personnes sont considérées tantôt comme s'occupant des intérêts généraux de leur profession (*syndicat*), tantôt comme poursuivant un but commercial (*société à responsabilité limitée*).

Il y a plus : en prévoyant et en organisant la création de sociétés syndicales de commerce, le législateur attire tout spécialement l'attention des syndicats sur cet ordre d'idées. Il les oriente, il les aiguille dans la voie commerciale.

L'importance, disons-le, la gravité de l'article 6, résident beaucoup moins dans la concession aux syndicats du droit de faire le commerce que dans la fascination inévitable qu'exercera sur eux cette sorte d'invitation des pouvoirs publics à tenter la fortune, ce geste, ce conseil indirect : « Soyez hardi et vous deviendrez riche ! »

Pour ce double motif il ne nous paraît pas juste de dire que la disposition de l'article 6 du projet est vaine et sans objet. Bien au contraire sa portée est considérable.

Mais cette réforme n'est-elle pas dangereuse ? Nous pensons qu'il faut distinguer.

Dangereuse pour les tiers, nous ne le pensons pas. Le public sera en effet parfaitement fixé sur les garanties que peut offrir une société commerciale créée par un syndicat (1) ; il saura très facilement quelle est sa solvabilité, dans quelles mesures il peut lui accorder ou lui refuser sa confiance. Si quelque capitaliste consent un prêt à cette société, si quelque industriel lui livre des marchandises, ce ne sera qu'à bon escient et il sera ensuite mal fondé à se plaindre, à prétendre que sa bonne foi a été surprise. — Peu importe que le capital de cette société soit très faible et puisse, comme l'a fait observer M. Hubert Valleroux, descendre jusqu'à 175 francs avec un versement initial du dixième seulement, soit 17 fr. 50. Déjà actuellement sept particuliers peuvent constituer une société à capital variable dans ces mêmes conditions. Pourquoi refuserait-on, *dans l'intérêt des tiers*, le même droit à des syndicats ? Cette société, dont le capital souscrit est de 175 francs et l'actif monnayé de 17 fr. 50, aura un crédit exactement limité par ces chiffres, voilà tout. Nous n'apercevons en tout ceci aucune tromperie.

Mais si le droit de faire le commerce que l'on propose d'accorder aux syndicats ne saurait être écarté comme dangereux pour les tiers, n'est-il pas dangereux pour ces associations elles mêmes ? La question est fort différente et avec M. Boissard nous n'hésitons pas à la résoudre dans le sens de l'affirmative.

Précisons toutefois notre pensée afin d'éviter tout malentendu. Nous sommes loin de prétendre que cette mission essentielle du syndicat : la défense des intérêts professionnels doit être entendue dans un sens étroit et exclusif. Bien au contraire nous sommes pleinement d'accord avec M. Duthoit pour penser que le syndicat doit être le noyau central autour duquel viendront se grouper « les institutions diverses susceptibles de contribuer à la renais-
« sance de la vie corporative : ateliers d'apprentissage, biblio-
« thèque, cours d'enseignement professionnel, caisses de se-

---

(1) Il importe pourtant de remarquer — l'observation, croyons-nous, n'a pas encore été faite — que le projet Waldeck-Millerand consacre une véritable dérogation au droit commun en faveur de la société commerciale fondée par un syndicat sous la forme anonyme simple (*et non à capital variable*). Alors qu'aux termes de la loi du 1er août 1893 (art. 1er) les actions ou coupures d'actions n'excédant pas 25 francs doivent être entièrement libérées, le projet qui nous occupe n'exige, si la société est d'origine syndicale, que le versement du quart, même si les actions ou coupures n'excèdent pas 25 francs.

« cours et d'assurances (1) » ; nous ajouterons les sociétés de consommation et même, bien que la jurisprudence leur attribue le caractère de sociétés commerciales, les caisses de crédit mutuel. Toutes ces institutions sont les alliées naturelles du syndicat dont elles forment le complément, dont elles continuent l'œuvre générale en la fortifiant par des applications particulières. Nous dirons mieux : si le projet Waldeck-Millerand s'était borné à faciliter l'organisation des institutions précédentes par la création de sociétés à capital variable dont toutes les actions auraient pu être la propriété du syndicat, ce projet nous eût paru mériter une entière approbation.

Mais MM. Waldeck-Rousseau et Millerand vont plus loin et ils accordent sans restriction aux syndicats « le pouvoir de faire des actes de commerce » c'est-à-dire tous actes de commerce. Ici nous cessons d'être d'accord avec les auteurs du projet de loi.

Les motifs qui nous paraissent militer contre l'adoption du nouvel article 6 sont multiples : bien qu'ils aient été déjà en partie indiqués par M. Duthoit, nous croyons utile de les reprendre et de les développer à nouveau.

1° Nous pensons qu'en accordant aux syndicats le droit de faire des actes de commerce, on les détourne de leur véritable destination.

Ce grief paraît injustifié à M. Duthoit. « Il y a là, dit-il, « une « appréhension exagérée. Un syndicat peut devenir commer- « çant, coopérateur sans tourner le dos à sa mission. Une cer- « taine division du travail s'opérera naturellement entre les diri- « geants du syndicat. Aux uns la représentation extérieure des « intérêts de la profession ; à d'autres les fonctions arbitrales ; à « d'autres l'organisation de l'arbitrage et des cours profession-

______

(1) M. Duthoit ajoute les « ateliers de chômage ». Ici nous ferons une réserve. Que les syndicats ouvrent temporairement des ateliers où les ouvriers sans travail de la profession puissent trouver un emploi nous l'admettons et nous voudrions voir la jurisprudence — à son défaut la loi — ne pas considérer ces ateliers comme des entreprises commerciales ; l'habitude de faire des actes de commerce est en effet une condition à défaut de laquelle n'est pas suffisamment établie la qualité de commerçant. Mais l'ouverture d'ateliers permanents nous semble rentrer dans le domaine de la coopérative de production, non du syndicat.

« nels, à d'autres la direction des services commerciaux ou
« industriels. »

M. Boissard a déjà répondu fort justement à notre avis au
second argument de M. Duthoit. « Il y a peu à espérer que l'in-
« telligente division du travail entre les principaux syndiqués et
« suivant les aptitudes de ceux-ci s'opère dans les conditions où la
« prévoit M. Duthoit. Ce qui se voit le plus fréquemment dans
« la pratique, c'est que les mêmes hommes qui, par leur acti-
« vité et leur dévouement, se trouvent diriger le mouvement syn-
« dical sont aussi les instigateurs et les directeurs des institu-
« tions annexes. »

Cette observation nous semble parfaitement fondée. Le secret
de la fortune de certains syndicats réside dans l'autorité, dans
la capacité, dans l'intelligence de leurs chefs. Ceux-ci peuvent
bien déléguer des lieutenants à la gérance des institutions annexes et secondaires : bibliothèques, laboratoires, caisses de se-
cours, bureaux de placement, etc. Mais ils conservent la haute
main sur ces institutions dont le fonctionnement ne se heurte
pas en général à de grandes difficultés. Il en serait autrement de
services commerciaux dont jamais de véritables chefs ouvriers
ne consentiraient à confier la direction à des seconds. Les intérêts engagés en pareil cas sont trop importants pour qu'un *leader*
de syndicat hésite à assumer personnellement la gestion de ces
services. S'il en était autrement au surplus, l'unité de vues ne
pourrait être longtemps préservée ; deux organismes aussi inti-
mement unis ne doivent obéir qu'à une seule et même impul-
sion.

Soit ! dira-t-on peut-être. Mais pourquoi un homme intelli-
gent ne serait-il pas capable de présider à la fois aux destinées
du syndicat et de la société ? quel danger vous apparaît dans
cette combinaison ?

Nous répondons : le danger qui nous alarme est celui-ci :
orienter le syndicat vers la carrière commerciale, c'est le faire
dévier de sa route naturelle, c'est altérer la pureté d'une conception essentiellement idéaliste et sociale, celle du syndicat, en la
mélangeant avec une toute autre conception, celle-là au contraire nécessairement intéressée et matérialiste : celle de l'entreprise commerciale.

Entre toutes les disgrâces qui peuvent atteindre un individu ou une collectivité, la pire peut-être est de ne pas remplir sa mission, de ne pas grandir et se développer conformément au principe de, vie et d'action que chaque être apporte en soi pour ainsi dire en naissant. L'effort que sous l'influence féconde du sentiment moral et religieux tout homme doit accomplir pour se perfectionner ne doit pas contrarier en nous la vocation naturelle, parfois latente mais toujours réelle, qui nous habilite à certaines œuvres, à certains actes plutôt qu'à d'autres. Agir pour le bien mais conformément à notre loi intime, à notre raison d'être, à notre rythme, c'est à cette tâche que nous devons nous appliquer tout entier. Il nous faut donc écarter de notre route les entreprises auxquelles nous ne sommes pas aptes, réserver jalousement pour les fins sociales, auxquelles nous sommes en quelque sorte prédestinés, l'élan de notre énergie et les ressources de notre intelligence. Il nous faut utiliser au mieux les forces que nous sommes et les concentrer pour ne pas les dépenser en vain.

Or quelle est la mission naturelle du syndicat, sa destination supérieure, sa raison d'être ? C'est, ainsi que la définit la loi de 1884, la défense des intérêts professionnels de ses membres, c'est-à-dire la recherche des voies et moyens propres, *non à les retirer, en les transformant en commerçants, du milieu où ils sont placés*, mais *à améliorer ce milieu*, à conquérir pour eux plus de bien-être matériel et moral à revendiquer pour eux plus de justice. C'est par suite la lutte pour l'obtention de meilleures conditions de travail ; c'est aussi l'organisation de leur vie économique et sociale, en vue de les garantir contre les risques auxquels ils sont exposés, en vue de diminuer leurs charges, en vue de leur procurer les bienfaits de l'instruction.

Ainsi tracée, la voie à suivre par le syndicat est droite. C'est une route nationale qui se déroule, longue et poudreuse sans doute, sans qu'on aperçoive encore le terme du voyage, mais sur laquelle sont disposées des auberges où l'on peut trouver un gîte et que l'on peut suivre en tout cas sans crainte de s'égarer. L'entreprise commerciale, elle, c'est un chemin de traverse qui, prétend-on, mène en moins de temps au même but. Est-ce bien certain ? ce chemin, disent ceux qui l'ont parcouru, est peu sûr, assez mal hanté ; il s'y rencontre maintes fondrières ; parfois aussi des voleurs y dressent des embuscades. Un partisan, un

contrebandier, un chasseur s'y reconnaîtraient peut-être aisément ; mais notre voyageur est peu habitué à ces routes
semées de pièges et de surprises. C'est, ne l'oublions pas, un
travailleur, un artisan, ce n'est pas un aventurier. Il vaut
mieux pour lui suivre la route nationale.

2° Ce petit apologue nous amène naturellement à notre seconde objection au projet. La faculté de faire des actes de
commerce est dangereuse pour les syndicats ouvriers.

Supposons la proposition votée. Elle aura pour effet immédiat la création d'un grand nombre de sociétés syndicales de
commerce et aussi l'augmentation très notable de l'effectif des
syndicats que viendront grossir de nouvelles recrues alléchées
par la perspective de gros bénéfices, d'un Eldorado coopératif (1).
Mais qu'adviendra-t-il de toutes ces sociétés germées en un
jour, comme des champignons après une pluie d'orage ? Il
n'est malheureusement pas possible d'entretenir des illusions à
cet égard. Les syndicats ouvriers (du moins l'immense majorité d'entre eux), ne sont nullement préparés à cette tâche infi-
niment délicate et difficile qui s'appelle une entreprise commerciale. On compte les coopératives de production qui ont vrai-
ment réussi ; elles constituent l'infime minorité. Il est trop certain qu'il en serait de même des sociétés syndicales de vente.
Tout leur manquerait pour prospérer : le crédit tout d'abord,
mais surtout l'expérience des affaires, la connaissance des fac-
teurs si complexes de la production et de la consommation, l'é-
ducation industrielle et commerciale. Les qualités nécessaires à
un chef d'entreprise sont multiples. « Il lui faut comme un chef
« d'orchestre établir un lien harmonique entre les composantes
« de la production, déterminer quelle proportion de chacune
« d'elles il est nécessaire de posséder, savoir quelle quantité de
« capitaux circulants il lui faudra par rapport aux capitaux
« fixes. Sa formule d'aujourd'hui ne sera pas celle de demain
« si les conditions des marchés de ces éléments se modifient. Ce
« n'est pas tout... Il lui faut écouler le produit fabriqué. La

(1) « L'application de la loi future aura pour résultat presque certain le
développement immédiat du syndicat corporatif » (interview du citoyen Fri-
bourg, délégué du parti ouvrier socialiste révolutionnaire au Comité général
de la Confédération du travail. — *Aurore*, 12 mars 1900).

« recherche du débouché est une des conditions de vie de l'in-
« dustrie moderne. De ce côté encore que de faits à envisager !
« la possibilité d'absorption du marché, le prix des transports,
« les tarifs de chemins de fer, les frets si variables, la marche
« des industries similaires dans son propre pays et à l'é-
« tranger, tous les éléments pour former un diagnostic écono-
« mique, pour prévoir (1). »

Pense-t-on de bonne foi que la plupart des sociétés qui se
créeront trouveront des hommes capables de réunir ces conditions si rares et si appréciées même chez les directeurs d'entreprises privées ? Pense-t-on qu'elles pourront lutter contre des
maisons de commerce déjà en possession d'une clientèle, solide-
ment étayées sur de puissants capitaux, fortes de leur savoir-
faire et de leur expérience — et cela au moment même où un
irrésistible mouvement de concentration détermine partout la
conclusion d'ententes, de syndicats de producteurs, de cartells ?
L'issue finale n'est guère douteuse : la grande majorité de ces
sociétés syndicales sombrera et dès lors on aperçoit mal le bénéfice que la classe ouvrière aura retiré de ces tentatives avor-
tées. Le syndicat sortira affaibli, diminué matériellement et qui
pis est moralement d'une telle crise.

Mais, nous a répliqué un jour certain partisan du projet,
vous accordez bien que certaines sociétés syndicales, la minorité c'est possible, parviendront à vivre et même à prospérer.
Pour celles là, tout au moins il y aura bénéfice. Quant aux autres
leur disparition ne sera pas à regretter ; elle aura prouvé sim-
plement leur impuissance ; elles n'étaient pas viables. Notre in-
terlocuteur, un catholique-social cependant, ne s'apercevait pas
qu'en nous tenant ce langage, il s'appropriait une théorie chère
tout à la fois à l'école libérale et au darwinisme : celle de
l'élimination bienfaisante par la concurrence et par la lutte pour
la vie des individus (ou des institutions) les moins bien adap-
tés au milieu et à l'œuvre de production. Cette doctrine de la
sélection économique nous entraîne bien loin d'un programme
qui se caractérise par la défense des faibles et la protection de
tous les travailleurs.

(1) André Liesse.— *Le travail aux points de vue scientifique, industriel
et social*, p 317.

3° L'objection qui vient d'être exposée nous paraît déterminante ; après la raison de principe elle apporte un argument de fait qui nous semble convaincant. D'autres critiques pourraient encore être formulées. Nous indiquons d'un mot seulement les principales :

a) L'exercice d'actes de commerce par les syndicats ouvriers risque de diviser les travailleurs au lieu de les réunir. Chaque syndicat voudra avoir sa société de commerce : d'où, pour chaque spécialité, pluralité de sociétés concurrentes vendant le même produit, se disputant la même clientèle populaire. La concurrence commerciale sera un ferment de discorde entre ces syndicats que le lien professionnel reliait les uns aux autres.

b) N'est-il pas à craindre que des hommes d'affaires véreux, des financiers interlopes, des mercantis cosmopolites prennent sous le couvert d'hommes de paille la direction de ce mouvement commercial et n'abusent de l'inexpérience des ouvriers syndiqués ? (1)

c) Enfin — et ce n'est pas nous c'est M. Millerand dans l'exposé des motifs de sa proposition de loi qui prévoit cette objection — « un syndicat dont le patrimoine se sera accru pourra être tenté « de fermer la porte aux adhésions nouvelles en exigeant un « prix trop élevé pour les admissions... La réponse à cette ob-« jection, ajoute M. Millerand, se trouve, dans la liberté d'associa-« tion même. Tout syndicat qui abandonne la défense des in-« térêts généraux de la profession voit surgir en face de lui un « syndicat nouveau ; l'expérience l'a déjà constaté ». Sans doute ; mais l'objection n'en conserve pas moins toute sa valeur. Le syndicat enrichi qui ferme ses portes aux nouveaux venus conserve en effet sur le syndicat en formation tout l'avantage d'une situation acquise et privilégiée. Il tourne le dos à son programme originaire : *la défense des intérêts professionnels* pour se cantonner dans un égoïsme satisfait. Il a exploité habilement l'idée de la solidarité syndicale ; il la renie après s'en être fait des rentes. Tel le renard de la fable dit au bouc qui l'a tiré du puits :

----

(1) Cette crainte ne paraîtra pas absolument vaine à ceux qui connaissent non pas seulement l'histoire officielle, mais ce que nous demanderons la permission d'appeler les coulisses du socialisme et du mouvement syndical révolutionnaire.

« Or adieu, j'en suis hors !
« Tâche de t'en tirer ; fais-y tous tes efforts ! »

La faculté de créer un nouveau syndicat dénué de ressources et de recommencer la lutte pour la vie nous paraît pour les camarades de ces heureux arrivistes un trop faible dédommagement. Si tel doit être l'unique résultat de la réforme projetée : enrichir quelques ouvriers et laisser leurs camarades moins habiles et moins fortunés dans leur condition première, cette réforme nous paraît jugée.

Nous concluons que si le projet de loi Waldeck-Millerand renferme certaines dispositions excellentes (art. 5), d'autres sont insuffisamment claires et présentent une fâcheuse ambiguité (art. 10) ; d'autres enfin (art. 6) tendent à altérer le caractère et à fausser la conception du syndicat ouvrier qu'elles exposent d'autre part à de très sérieux dangers.

Et. Martin Saint-Léon.

Imprimeries réunies du Centre. — Tours et Blois.
Blois, 2, rue Haute.
EMMANUEL RIVIÈRE, ingénieur E. C. P.

Imprimé par des ouvriers payés au tarif accepté par la Fédération
des travailleurs du Livre pour la région.

EMMANUEL VITTÉ, Éditeur, Rue de l'Abbaye, 14, PARIS

COLLECTION DE BROCHURES SOCIALES